Atin te aroka

Te korokaraki iroun Lara Doolette
Te korotaamnei iroun Tingting Chen

Library For All Ltd.

E boutokaaki karaoan te boki aio i aan ana reitaki ae tamaaroa te Tautaeka ni Kiribati ma te Tautaeka n Aotiteeria rinanon te Bootaki n Reirei. E boboto te reitaki aio i aon katamaaroaan te reirei ibukiia ataein Kiribati ni kabane.

E boreetiaki te boki aio iroun te Library for All rinanon ana mwane ni buoka te Tautaeka n Aotiteeria.

Te Library for All bon te rabwata ae aki karekemwane mai Aotiteeria ao e boboto ana mwakuri i aon kataabangakan te ataibwai bwa e na kona n reke irouia aomata ni kabane. Noora libraryforall.org

Atin te aroka

E moan boreetiaki 2022
E moan boreetiaki te katootoo aio n 2022

E boreetiaki iroun Library For All Ltd
Meeri: info@libraryforall.org
URL: libraryforall.org

Te korotaamnei iroun Lara Doolette

Atuun te boki Atin te aroka
Aran te tia korokaraki Chen, Tingting
ISBN: 978-1-922844-39-2
SKU02272

Atin te aroka

Taeka ni karabwarabwa:

Te karaki aio e anaaki man rongorongon te *Ngaladjima,* te Ngannawal Plant Use Education Space, are e kateaki n te Univesity of Canberra, Bruce Campus n 2018.

Ko rabwa Aunty Roslyn Brown.

Teraa ae e na bwebwerake man te
ati ae uareereke aio? Te auti?
Te aomata? Te uee? Te aroka?

I ataia ae e na bon riki bwa te aeka
n aroka teuana. Tao I kona ni kanna,
ke tao I aki?

I titirakina ai mwaaneu,
ma e aki naba koaua
raoi iai. Ngaia are
I a manga kakaeia
riki tabeman ao n
titirakiniia.

I titirakina raoraou, are maamaeka i rarikin te kawai. E kan buokai, ma e aki naba ataia.

I titirakina tibuu te unnaine, are e wiwiingare nakoiu. E tuangai, "Te ati aio e na bon bwebwerake bwa te aroka. Te aroka ae e kakaawaki ae e kona n anganiira kanara, te nuu ni kai, katanara, ao te bwai ni kanim."

Ti na bane n toka n te bwati
ngai ma raou n reirei nakon
te ingaabong. I rangi ni
kukurei ngkai e na
iriira tibuu.

Ti na raaun nakon reirein te
kuura ae rietaata. N na kataia ni
kataamnei bwaai aika ti na kona
n noori. Kateitei aika rietaata ma
aomata, te ruu ni kaombuita?
Bwaatika? Erebwanti? Kangkeruu?
Rebwerebwe?

Ngke ti roko ao iai aomata aika a butimwaaira. A wiingare ao ni kateitei baiia, ni butimwaaira 'Mauri!' ao a kamauriira.

"Teraa ae kam kaakaraoia ikai?" ti titirakiniia bwa ti kan ataia!

A taku, "Nakomai, bwa ti na kaotia nakoimi, ti a nako!"

"Kam kona n reirei i aon te nuumera, te mwakuri ma te tua, te korotaamnei!"

"Kam kona n reirei aroia aomata, maan ao te buroo!"

Ao a manga titirakina tibuu te unnaine taekan atin te aroka. E buokiia n reireiniia, bwa aonga naba ni kona n nooria.

I mwiina ao ti a unuuniki ma tibuu te unnaine, au tia reirei, ao raoraou. Ti unikii taian uteute, uee ao taian aroka.

Ko kona ni kaboonganai titiraki aikai ni maroorooakina te boki aio ma am utuu, raoraom ao taan reirei.

Teraa ae ko reiakinna man te boki aio?

Kabwarabwaraa te boki aio.
E kaakamanga? E kakamaaku?
E kaunga? E kakaongoraa?

Teraa am namakin i mwiin warekan te boki aio?

Teraa maamaten nanom man te boki aei?

Karina ara burokuraem ni wareware
getlibraryforall.org

Rongorongoia taan ibuobuoki

E mmwammwakuri te Library For All ma taan korokaraki ao taan korotaamnei man aaba aika kakaokoro ibukin kamwaitan karaki aika raraoi ibukiia ataei.

Noora libraryforall.org ibukin rongorongo aika boou i aon ara kataneiai, kainibaaire ibukin karinan karaki ao rongorongo riki tabeua.

Ko kukurei n te boki aei?

Iai ara karaki aika a tia ni baarongaaki aika a kona n rineaki.

Ti mwakuri n ikarekebai ma taan korokaraki, taan kareirei, taan rabakau n te katei, te tautaeka ao ai rabwata aika aki irekereke ma te tautaeka n uarokoa kakukurein te wareware nakoia ataei n taabo ni kabane.

Ko ataia?

E rikirake ara ibuobuoki n te aonnaaba n itera aikai man irakin ana kouru te United Nations ibukin te Sustainable Development.

librayforall.org